03
Minute
Positivity
Journal

This Book Belongs To

_____

positivity

/pɒzɪˈtɪvɪti/

noun

"the practice of being or tendency to be positive or optimistic in attitude."

What Exactly Is Positivity?

Positivity is the habit or disposition to be positive or hopeful in life. When we are positive, we participate in positive thinking, have happy feelings, and engage in positive acts like compassion and giving. All of this enthusiasm adds to beneficial consequences including better well-being and mental health. It is an acknowledgement of value that is not monetary in nature. It is an affirmation of goodness and warmth that is spontaneously formed from inside. This social feeling enhances connections and has evolutionary foundations, stemming from the survival benefit of assisting others and receiving assistance in return.

Why Positivity Is Essential

"Psychologists have shown that being positive over time increases pleasure and promotes physical and psychological health, especially in individuals who currently struggle with mental health issues. According to research, practicing positivity reduces the use of negative emotion-expressing words and redirects inner attention away from negative emotions such as wrath and jealousy, hence reducing the chance of ruminating, which is a characteristic of sadness."

WE ARE HERE BECAUSE OF YOU!

We would be extremely grateful if you could spare a moment to leave us a review on Amazon!

"The more grateful I am, the more beauty I see."

– Mary Davis

Today I'm grateful for...

Today I'm grateful for	Date: / /

_____
_____
_____
_____
_____

Today I'm grateful for	Date: / /

_____
_____
_____
_____

Today I'm grateful for	Date: / /

_____
_____
_____
_____

Today I'm grateful for Date: / /

>> ————————————————————————————
>> ————————————————————————————
>> ————————————————————————————
>> ————————————————————————————

Today I'm grateful for Date: / /

>> ————————————————————————————
>> ————————————————————————————
>> ————————————————————————————
>> ————————————————————————————

Today I'm grateful for Date: / /

>> ————————————————————————————
>> ————————————————————————————
>> ————————————————————————————
>> ————————————————————————————

Today I'm grateful for Date: / /

>> ————————————————————————————
>> ————————————————————————————
>> ————————————————————————————
>> ————————————————————————————

Today I'm grateful for Date: / /

>> ————————————————————————————
>> ————————————————————————————
>> ————————————————————————————
>> ————————————————————————————

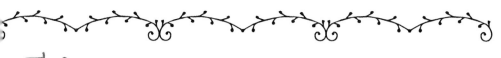

"Gratitude and attitude are not challenges; they are choices."

- Robert Braathe

What was the best thing that happened to you recently?

Today I'm grateful for	Date: / /

» ———————————————————————————
» ———————————————————————————
» ———————————————————————————
» ———————————————————————————

Today I'm grateful for	Date: / /

» ———————————————————————————
» ———————————————————————————
» ———————————————————————————
» ———————————————————————————

Today I'm grateful for	Date: / /

» ———————————————————————————
» ———————————————————————————
» ———————————————————————————
» ———————————————————————————

Today I'm grateful for 〉Date: / /

»
»
»
»

Today I'm grateful for 〉Date: / /

»
»
»
»

Today I'm grateful for 〉Date: / /

»
»
»
»

Today I'm grateful for 〉Date: / /

»
»
»
»

Today I'm grateful for 〉Date: / /

»
»
»
»

"The best way to show my gratitude is to accept everything, even my problems, with joy."

- Mother Teresa

Write about the things you cherish the most in your life.

Today I'm grateful for >Date: / /

>————————————————————————————
>————————————————————————————
>————————————————————————————
>————————————————————————————

Today I'm grateful for >Date: / /

>————————————————————————————
>————————————————————————————
>————————————————————————————
>————————————————————————————

Today I'm grateful for >Date: / /

>————————————————————————————
>————————————————————————————
>————————————————————————————
>————————————————————————————

Today I'm grateful for > Date: / /

>> ———————————————————
>> ———————————————————
>> ———————————————————
>> ———————————————————

Today I'm grateful for > Date: / /

>> ———————————————————
>> ———————————————————
>> ———————————————————
>> ———————————————————

Today I'm grateful for > Date: / /

>> ———————————————————
>> ———————————————————
>> ———————————————————
>> ———————————————————

Today I'm grateful for > Date: / /

>> ———————————————————
>> ———————————————————
>> ———————————————————
>> ———————————————————

Today I'm grateful for > Date: / /

>> ———————————————————
>> ———————————————————
>> ———————————————————
>> ———————————————————

"For my part, I am almost contented just now, and very thankful. Gratitude is a divine emotion: it fills the heart, but not to bursting; it warms it, but not to fever."

- Charlotte Brontë

Who are you thankful for today?

Today I'm grateful for Date: / /

Today I'm grateful for Date: / /

Today I'm grateful for Date: / /

Today I'm grateful for — Date: / /

» _____
» _____
» _____
» _____

Today I'm grateful for — Date: / /

» _____
» _____
» _____
» _____

Today I'm grateful for — Date: / /

» _____
» _____
» _____
» _____

Today I'm grateful for — Date: / /

» _____
» _____
» _____
» _____

Today I'm grateful for — Date: / /

» _____
» _____
» _____
» _____

"When eating fruit, remember the one who planted the tree."

- Vietnamese Proverb

What is something you are thankful for and the person who made it possible?

Today I'm grateful for	Date: / /

>> ————————————————————————————————————
>> ————————————————————————————————————
>> ————————————————————————————————————
>> ————————————————————————————————————

Today I'm grateful for	Date: / /

>> ————————————————————————————————————
>> ————————————————————————————————————
>> ————————————————————————————————————
>> ————————————————————————————————————

Today I'm grateful for	Date: / /

>> ————————————————————————————————————
>> ————————————————————————————————————
>> ————————————————————————————————————
>> ————————————————————————————————————

Today I'm grateful for Date: / /

»
»
»
»

Today I'm grateful for Date: / /

»
»
»
»

Today I'm grateful for Date: / /

»
»
»
»

Today I'm grateful for Date: / /

»
»
»
»

Today I'm grateful for Date: / /

»
»
»
»

"Got no checkbooks, got no banks, still I'd like to express my thanks. I got the sun in the morning and the moon at night."

- Irving Berlin

What are some things in life, which are free, that you are thankful for?

Today I'm grateful for   Date: / /

Today I'm grateful for   Date: / /

Today I'm grateful for   Date: / /

Today I'm grateful for   Date: / /

>> ─────────────────────────────
>> ─────────────────────────────
>> ─────────────────────────────
>> ─────────────────────────────

Today I'm grateful for   Date: / /

>> ─────────────────────────────
>> ─────────────────────────────
>> ─────────────────────────────
>> ─────────────────────────────

Today I'm grateful for   Date: / /

>> ─────────────────────────────
>> ─────────────────────────────
>> ─────────────────────────────
>> ─────────────────────────────

Today I'm grateful for   Date: / /

>> ─────────────────────────────
>> ─────────────────────────────
>> ─────────────────────────────
>> ─────────────────────────────

Today I'm grateful for   Date: / /

>> ─────────────────────────────
>> ─────────────────────────────
>> ─────────────────────────────
>> ─────────────────────────────

"Enjoy the little things, for one day you may look back and realize they were the big things."

- Robert Brault

What are some things you have you are thankful for?

Today I'm grateful for Date: / /

Today I'm grateful for Date: / /

Today I'm grateful for Date: / /

Today I'm grateful for   Date: / /

>> ————————————————————————————
>> ————————————————————————————
>> ————————————————————————————
>> ————————————————————————————

Today I'm grateful for   Date: / /

>> ————————————————————————————
>> ————————————————————————————
>> ————————————————————————————
>> ————————————————————————————

Today I'm grateful for   Date: / /

>> ————————————————————————————
>> ————————————————————————————
>> ————————————————————————————
>> ————————————————————————————

Today I'm grateful for   Date: / /

>> ————————————————————————————
>> ————————————————————————————
>> ————————————————————————————
>> ————————————————————————————

Today I'm grateful for   Date: / /

>> ————————————————————————————
>> ————————————————————————————
>> ————————————————————————————
>> ————————————————————————————

"Gratitude turns what we have into enough, and more. It turns denial into acceptance, chaos into order, confusion into clarity...it makes sense of our past, brings peace for today, and creates a vision for tomorrow."

- Melody Beattie

What person in your life do you appreciate today, but maybe you did not before?

Today I'm grateful for 〉 Date: / /

»
»
»
»

Today I'm grateful for 〉 Date: / /

»
»
»
»

Today I'm grateful for 〉 Date: / /

»
»
»
»

Today I'm grateful for Date: / /

➤ _____
➤ _____
➤ _____
➤ _____

Today I'm grateful for Date: / /

➤ _____
➤ _____
➤ _____
➤ _____

Today I'm grateful for Date: / /

➤ _____
➤ _____
➤ _____
➤ _____

Today I'm grateful for Date: / /

➤ _____
➤ _____
➤ _____
➤ _____

Today I'm grateful for Date: / /

➤ _____
➤ _____
➤ _____
➤ _____

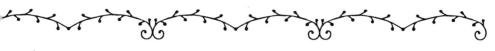

"Piglet noticed that even though he had a Very Small Heart, it could hold a rather large amount of Gratitude."

- A. A. Milne

Who are the people you love and the things you appreciate about them?

Today I'm grateful for Date: / /

Today I'm grateful for Date: / /

Today I'm grateful for Date: / /

Today I'm grateful for　　Date:　　/　/

≫ —————————————————————————————
≫ —————————————————————————————
≫ —————————————————————————————
≫ —————————————————————————————

Today I'm grateful for　　Date:　　/　/

≫ —————————————————————————————
≫ —————————————————————————————
≫ —————————————————————————————
≫ —————————————————————————————

Today I'm grateful for　　Date:　　/　/

≫ —————————————————————————————
≫ —————————————————————————————
≫ —————————————————————————————
≫ —————————————————————————————

Today I'm grateful for　　Date:　　/　/

≫ —————————————————————————————
≫ —————————————————————————————
≫ —————————————————————————————
≫ —————————————————————————————

Today I'm grateful for　　Date:　　/　/

≫ —————————————————————————————
≫ —————————————————————————————
≫ —————————————————————————————
≫ —————————————————————————————

"In ordinary life, we hardly realize that we receive a great deal more than we give, and that it is only with gratitude that life becomes rich."

- Dietrich Bonhoeffer

Who are the people that have helped be where you are today?

Today I'm grateful for > Date: / /

>
>
>
>

Today I'm grateful for > Date: / /

>
>
>
>

Today I'm grateful for > Date: / /

>
>
>
>

Today I'm grateful for　Date: / /

» ————————————————————————————
» ————————————————————————————
» ————————————————————————————
» ————————————————————————————

Today I'm grateful for　Date: / /

» ————————————————————————————
» ————————————————————————————
» ————————————————————————————
» ————————————————————————————

Today I'm grateful for　Date: / /

» ————————————————————————————
» ————————————————————————————
» ————————————————————————————
» ————————————————————————————

Today I'm grateful for　Date: / /

» ————————————————————————————
» ————————————————————————————
» ————————————————————————————
» ————————————————————————————

Today I'm grateful for　Date: / /

» ————————————————————————————
» ————————————————————————————
» ————————————————————————————
» ————————————————————————————

"Wear gratitude like a cloak, and it will feed every corner of your life."

- Rumi

What are some things you have that you should be more thankful for?

Today I'm grateful for   Date: / /

>> ——
>> ——
>> ——
>> ——

Today I'm grateful for   Date: / /

>> ——
>> ——
>> ——
>> ——

Today I'm grateful for   Date: / /

>> ——
>> ——
>> ——
>> ——

Today I'm grateful for — Date: / /

»» _____
»» _____
»» _____
»» _____

Today I'm grateful for — Date: / /

»» _____
»» _____
»» _____
»» _____

Today I'm grateful for — Date: / /

»» _____
»» _____
»» _____
»» _____

Today I'm grateful for — Date: / /

»» _____
»» _____
»» _____
»» _____

Today I'm grateful for — Date: / /

»» _____
»» _____
»» _____
»» _____

"Let us be grateful to the people who make us happy; they are the charming gardeners who make our souls blossom."

- Marcel Proust

What people should you be more thankful for?

Today I'm grateful for > Date: / /

- ───────────────────────────────
- ───────────────────────────────
- ───────────────────────────────
- ───────────────────────────────

Today I'm grateful for > Date: / /

- ───────────────────────────────
- ───────────────────────────────
- ───────────────────────────────
- ───────────────────────────────

Today I'm grateful for > Date: / /

- ───────────────────────────────
- ───────────────────────────────
- ───────────────────────────────
- ───────────────────────────────

Today I'm grateful for | Date: / /

»» ————————————————————————————————
»» ————————————————————————————————
»» ————————————————————————————————
»» ————————————————————————————————

Today I'm grateful for | Date: / /

»» ————————————————————————————————
»» ————————————————————————————————
»» ————————————————————————————————
»» ————————————————————————————————

Today I'm grateful for | Date: / /

»» ————————————————————————————————
»» ————————————————————————————————
»» ————————————————————————————————
»» ————————————————————————————————

Today I'm grateful for | Date: / /

»» ————————————————————————————————
»» ————————————————————————————————
»» ————————————————————————————————
»» ————————————————————————————————

Today I'm grateful for | Date: / /

»» ————————————————————————————————
»» ————————————————————————————————
»» ————————————————————————————————
»» ————————————————————————————————

"Do not spoil what you have by desiring what you have not; remember that what you now have was once among the things you only hoped for."

- Epicurus

What things do you have now that you previously only wished for?

Today I'm grateful for	Date: / /

- —————————————————————————————
- —————————————————————————————
- —————————————————————————————
- —————————————————————————————

Today I'm grateful for	Date: / /

- —————————————————————————————
- —————————————————————————————
- —————————————————————————————
- —————————————————————————————

Today I'm grateful for	Date: / /

- —————————————————————————————
- —————————————————————————————
- —————————————————————————————
- —————————————————————————————

Today I'm grafeful for   Date: / /

>>
>>
>>
>>

Today I'm grateful for   Date: / /

>>
>>
>>
>>

Today I'm grateful for   Date: / /

>>
>>
>>
>>

Today I'm grateful for   Date: / /

>>
>>
>>
>>

Today I'm grateful for   Date: / /

>>
>>
>>
>>

"Cultivate the habit of being grateful for every good thing that comes to you, and to give thanks continuously. And because all things have contributed to your advancement, you should include all things in your gratitude."

- Ralph Waldo Emerson

what things are you grateful for now, that you thought you would not be previously?

Today I'm grateful for   Date: / /

>> ——————————————————————————————
>> ——————————————————————————————
>> ——————————————————————————————
>> ——————————————————————————————

Today I'm grateful for   Date: / /

>> ——————————————————————————————
>> ——————————————————————————————
>> ——————————————————————————————
>> ——————————————————————————————

Today I'm grateful for   Date: / /

>> ——————————————————————————————
>> ——————————————————————————————
>> ——————————————————————————————
>> ——————————————————————————————

Today I'm grateful for Date: / /

»
»
»
»

Today I'm grateful for Date: / /

»
»
»
»

Today I'm grateful for Date: / /

»
»
»
»

Today I'm grateful for Date: / /

»
»
»
»

Today I'm grateful for Date: / /

»
»
»
»

"Let gratitude be the pillow upon which you kneel to say your nightly prayer. And let faith be the bridge you build to overcome evil and welcome good."

- Maya Angelou

What is something beautiful you enjoy about life?

Today I'm grateful for   Date: / /

Today I'm grateful for   Date: / /

Today I'm grateful for   Date: / /

Today I'm grateful for 〉Date: / /

>> ————————————————————————————
>> ————————————————————————————
>> ————————————————————————————
>> ————————————————————————————

Today I'm grateful for 〉Date: / /

>> ————————————————————————————
>> ————————————————————————————
>> ————————————————————————————
>> ————————————————————————————

Today I'm grateful for 〉Date: / /

>> ————————————————————————————
>> ————————————————————————————
>> ————————————————————————————
>> ————————————————————————————

Today I'm grateful for 〉Date: / /

>> ————————————————————————————
>> ————————————————————————————
>> ————————————————————————————
>> ————————————————————————————

Today I'm grateful for 〉Date: / /

>> ————————————————————————————
>> ————————————————————————————
>> ————————————————————————————
>> ————————————————————————————

"As with all commandments, gratitude is a description of a successful mode of living. The thankful heart opens our eyes to a multitude of blessings that continually surround us."

– James E. Faust

Today I'm grateful for...

Today I'm grateful for >Date: / /

Today I'm grateful for >Date: / /

Today I'm grateful for >Date: / /

Today I'm grateful for Date: / /

» ————————————————————————————
» ————————————————————————————
» ————————————————————————————
» ————————————————————————————

Today I'm grateful for Date: / /

» ————————————————————————————
» ————————————————————————————
» ————————————————————————————
» ————————————————————————————

Today I'm grateful for Date: / /

» ————————————————————————————
» ————————————————————————————
» ————————————————————————————
» ————————————————————————————

Today I'm grateful for Date: / /

» ————————————————————————————
» ————————————————————————————
» ————————————————————————————
» ————————————————————————————

Today I'm grateful for Date: / /

» ————————————————————————————
» ————————————————————————————
» ————————————————————————————
» ————————————————————————————

"If the only prayer you said was thank you, that would be enough."

- Meister Eckhart

What challenges are you grateful for?

Today I'm grateful for >Date: / /

》 —————————————————————————————————— ◎
》 —————————————————————————————————— ◎
》 —————————————————————————————————— ◎
》 —————————————————————————————————— ◎

Today I'm grateful for >Date: / /

》 —————————————————————————————————— ◎
》 —————————————————————————————————— ◎
》 —————————————————————————————————— ◎
》 —————————————————————————————————— ◎

Today I'm grateful for >Date: / /

》 —————————————————————————————————— ◎
》 —————————————————————————————————— ◎
》 —————————————————————————————————— ◎
》 —————————————————————————————————— ◎

Today I'm grateful for Date: / /

» ————————————————————————————————————
» ————————————————————————————————————
» ————————————————————————————————————
» ————————————————————————————————————

Today I'm grateful for Date: / /

» ————————————————————————————————————
» ————————————————————————————————————
» ————————————————————————————————————
» ————————————————————————————————————

Today I'm grateful for Date: / /

» ————————————————————————————————————
» ————————————————————————————————————
» ————————————————————————————————————
» ————————————————————————————————————

Today I'm grateful for Date: / /

» ————————————————————————————————————
» ————————————————————————————————————
» ————————————————————————————————————
» ————————————————————————————————————

Today I'm grateful for Date: / /

» ————————————————————————————————————
» ————————————————————————————————————
» ————————————————————————————————————
» ————————————————————————————————————

"We must find time to stop and thank the people who make a difference in our lives."

- John F. Kennedy

Who has made a difference in your life recently?

Today I'm grateful for ⟩ Date: / /

- _____
- _____
- _____
- _____

Today I'm grateful for ⟩ Date: / /

- _____
- _____
- _____
- _____

Today I'm grateful for ⟩ Date: / /

- _____
- _____
- _____
- _____

Today I'm grateful for Date: / /

»————————————————————————————————————
»————————————————————————————————————
»————————————————————————————————————
»————————————————————————————————————

Today I'm grateful for Date: / /

»————————————————————————————————————
»————————————————————————————————————
»————————————————————————————————————
»————————————————————————————————————

Today I'm grateful for Date: / /

»————————————————————————————————————
»————————————————————————————————————
»————————————————————————————————————
»————————————————————————————————————

Today I'm grateful for Date: / /

»————————————————————————————————————
»————————————————————————————————————
»————————————————————————————————————
»————————————————————————————————————

Today I'm grateful for Date: / /

»————————————————————————————————————
»————————————————————————————————————
»————————————————————————————————————
»————————————————————————————————————

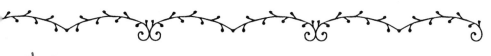

"Gratitude is not only the greatest of virtues, but the parent of all others."

- Marcus Tullius Cicero

I'm thankful today because...

Today I'm grateful for   Date: / /

Today I'm grateful for   Date: / /

Today I'm grateful for   Date: / /

Today I'm grateful for Date: / /

» _____
» _____
» _____
» _____

Today I'm grateful for Date: / /

» _____
» _____
» _____
» _____

Today I'm grateful for Date: / /

» _____
» _____
» _____
» _____

Today I'm grateful for Date: / /

» _____
» _____
» _____
» _____

Today I'm grateful for Date: / /

» _____
» _____
» _____
» _____

"Gratitude looks to the Past and love to the Present; fear, avarice, lust, and ambition look ahead."

- C. S. Lewis

Who are the people you should show more love to today?

Today I'm grateful for | Date: / /

≫ ─────────────────────────────────────
≫ ─────────────────────────────────────
≫ ─────────────────────────────────────
≫ ─────────────────────────────────────

Today I'm grateful for | Date: / /

≫ ─────────────────────────────────────
≫ ─────────────────────────────────────
≫ ─────────────────────────────────────
≫ ─────────────────────────────────────

Today I'm grateful for | Date: / /

≫ ─────────────────────────────────────
≫ ─────────────────────────────────────
≫ ─────────────────────────────────────
≫ ─────────────────────────────────────

Today I'm grateful for   Date: / /

➤ _____

➤ _____

➤ _____

➤ _____

Today I'm grateful for   Date: / /

➤ _____

➤ _____

➤ _____

➤ _____

Today I'm grateful for   Date: / /

➤ _____

➤ _____

➤ _____

➤ _____

Today I'm grateful for   Date: / /

➤ _____

➤ _____

➤ _____

➤ _____

Today I'm grateful for   Date: / /

➤ _____

➤ _____

➤ _____

➤ _____

"The unthankful heart discovers no mercies; but the thankful heart will find, in every hour, some heavenly blessings."

- Henry Ward Beecher

What are some things you've discovered recently that you are thankful for?

Today I'm grateful for   Date: / /

Today I'm grateful for   Date: / /

Today I'm grateful for   Date: / /

Today I'm grateful for > Date: / /

≫ ————————————————————————————————
≫ ————————————————————————————————
≫ ————————————————————————————————
≫ ————————————————————————————————

Today I'm grateful for > Date: / /

≫ ————————————————————————————————
≫ ————————————————————————————————
≫ ————————————————————————————————
≫ ————————————————————————————————

Today I'm grateful for > Date: / /

≫ ————————————————————————————————
≫ ————————————————————————————————
≫ ————————————————————————————————
≫ ————————————————————————————————

Today I'm grateful for > Date: / /

≫ ————————————————————————————————
≫ ————————————————————————————————
≫ ————————————————————————————————
≫ ————————————————————————————————

Today I'm grateful for > Date: / /

≫ ————————————————————————————————
≫ ————————————————————————————————
≫ ————————————————————————————————
≫ ————————————————————————————————

"What separates privilege from entitlement is gratitude."

- Brené Brown

What are some blessings you are thankful for?

Today I'm grateful for   Date: / /

Today I'm grateful for   Date: / /

Today I'm grateful for   Date: / /

Today I'm grateful for   Date: / /

» ————————————————————————————————
» ————————————————————————————————
» ————————————————————————————————
» ————————————————————————————————

Today I'm grateful for   Date: / /

» ————————————————————————————————
» ————————————————————————————————
» ————————————————————————————————
» ————————————————————————————————

Today I'm grateful for   Date: / /

» ————————————————————————————————
» ————————————————————————————————
» ————————————————————————————————
» ————————————————————————————————

Today I'm grateful for   Date: / /

» ————————————————————————————————
» ————————————————————————————————
» ————————————————————————————————
» ————————————————————————————————

Today I'm grateful for   Date: / /

» ————————————————————————————————
» ————————————————————————————————
» ————————————————————————————————
» ————————————————————————————————

"When it comes to life, the critical thing is whether you take things for granted or take them with gratitude."

- G. K. Chesterton

What are some things you have taken for granted in the past, but are now grateful for?

Today I'm grateful for   Date: / /

➤ ───────────────────────────────────────
➤ ───────────────────────────────────────
➤ ───────────────────────────────────────
➤ ───────────────────────────────────────

Today I'm grateful for   Date: / /

➤ ───────────────────────────────────────
➤ ───────────────────────────────────────
➤ ───────────────────────────────────────
➤ ───────────────────────────────────────

Today I'm grateful for   Date: / /

➤ ───────────────────────────────────────
➤ ───────────────────────────────────────
➤ ───────────────────────────────────────
➤ ───────────────────────────────────────

Today I'm grateful for Date: / /

»» ————————————————————————————
»» ————————————————————————————
»» ————————————————————————————
»» ————————————————————————————

Today I'm grateful for Date: / /

»» ————————————————————————————
»» ————————————————————————————
»» ————————————————————————————
»» ————————————————————————————

Today I'm grateful for Date: / /

»» ————————————————————————————
»» ————————————————————————————
»» ————————————————————————————
»» ————————————————————————————

Today I'm grateful for Date: / /

»» ————————————————————————————
»» ————————————————————————————
»» ————————————————————————————
»» ————————————————————————————

Today I'm grateful for Date: / /

»» ————————————————————————————
»» ————————————————————————————
»» ————————————————————————————
»» ————————————————————————————

"Gratitude is the ability to experience life as a gift. It liberates us from the prison of self-preoccupation."

- John Ortberg

What is something beautiful that happened in your life recently?

Today I'm grateful for | Date: / /

Today I'm grateful for | Date: / /

Today I'm grateful for | Date: / /

Today I'm grateful for   Date: / /

»
»
»
»

Today I'm grateful for   Date: / /

»
»
»
»

Today I'm grateful for   Date: / /

»
»
»
»

Today I'm grateful for   Date: / /

»
»
»
»

Today I'm grateful for   Date: / /

»
»
»
»

"The soul that gives thanks can find comfort in everything; the soul that complains can find comfort in nothing."

- Hannah Whitall Smith

What is something or someone you should be more thankful about, and why?

Today I'm grateful for > Date: / /

_____
_____
_____
_____

Today I'm grateful for > Date: / /

_____
_____
_____
_____

Today I'm grateful for > Date: / /

_____
_____
_____
_____

Today I'm grateful for — Date: / /

>> ————————————————————————
>> ————————————————————————
>> ————————————————————————
>> ————————————————————————

Today I'm grateful for — Date: / /

>> ————————————————————————
>> ————————————————————————
>> ————————————————————————
>> ————————————————————————

Today I'm grateful for — Date: / /

>> ————————————————————————
>> ————————————————————————
>> ————————————————————————
>> ————————————————————————

Today I'm grateful for — Date: / /

>> ————————————————————————
>> ————————————————————————
>> ————————————————————————
>> ————————————————————————

Today I'm grateful for — Date: / /

>> ————————————————————————
>> ————————————————————————
>> ————————————————————————
>> ————————————————————————

"O Lord that lends me life, lend me a heart replete with thankfulness."

- William Shakespeare

What part of your body are you grateful for?

Today I'm grateful for   Date: / /

»
»
»
»

Today I'm grateful for   Date: / /

»
»
»
»

Today I'm grateful for   Date: / /

»
»
»
»

Today I'm grateful for — Date: / /

» ————————————————————————————
» ————————————————————————————
» ————————————————————————————
» ————————————————————————————

Today I'm grateful for — Date: / /

» ————————————————————————————
» ————————————————————————————
» ————————————————————————————
» ————————————————————————————

Today I'm grateful for — Date: / /

» ————————————————————————————
» ————————————————————————————
» ————————————————————————————
» ————————————————————————————

Today I'm grateful for — Date: / /

» ————————————————————————————
» ————————————————————————————
» ————————————————————————————
» ————————————————————————————

Today I'm grateful for — Date: / /

» ————————————————————————————
» ————————————————————————————
» ————————————————————————————
» ————————————————————————————

"Gratitude is a powerful catalyst for happiness. It's the spark that lights a fire of joy in your soul."

- Amy Collette

What is something you love in nature?

Today I'm grateful for   > Date: / /

>> ————————————————————————————————————
>> ————————————————————————————————————
>> ————————————————————————————————————
>> ————————————————————————————————————

Today I'm grateful for   > Date: / /

>> ————————————————————————————————————
>> ————————————————————————————————————
>> ————————————————————————————————————
>> ————————————————————————————————————

Today I'm grateful for   > Date: / /

>> ————————————————————————————————————
>> ————————————————————————————————————
>> ————————————————————————————————————
>> ————————————————————————————————————

Today I'm grateful for Date: / /

»
»
»
»

Today I'm grateful for Date: / /

»
»
»
»

Today I'm grateful for Date: / /

»
»
»
»

Today I'm grateful for Date: / /

»
»
»
»

Today I'm grateful for Date: / /

»
»
»
»

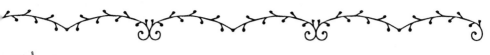

"Reflect upon your present blessings, of which every man has plenty; not on your past misfortunes, of which all men have some."

- Charles Dickens

What is something you like about yourself?

Today I'm grateful for   Date: / /

Today I'm grateful for   Date: / /

Today I'm grateful for   Date: / /

Today I'm grateful for Date: / /

>> _____
>> _____
>> _____
>> _____

Today I'm grateful for Date: / /

>> _____
>> _____
>> _____
>> _____

Today I'm grateful for Date: / /

>> _____
>> _____
>> _____
>> _____

Today I'm grateful for Date: / /

>> _____
>> _____
>> _____
>> _____

Today I'm grateful for Date: / /

>> _____
>> _____
>> _____
>> _____

"When I started counting my blessings, my whole life turned around."

- Willie Nelson

Is there something you are grateful for today that you weren't until recently?

Today I'm grateful for	Date: / /

>> _____
>> _____
>> _____
>> _____

Today I'm grateful for	Date: / /

>> _____
>> _____
>> _____
>> _____

Today I'm grateful for	Date: / /

>> _____
>> _____
>> _____
>> _____

Today I'm grateful for 〉Date: / /

》 ————————————————————————————
》 ————————————————————————————
》 ————————————————————————————
》 ————————————————————————————

Today I'm grateful for 〉Date: / /

》 ————————————————————————————
》 ————————————————————————————
》 ————————————————————————————
》 ————————————————————————————

Today I'm grateful for 〉Date: / /

》 ————————————————————————————
》 ————————————————————————————
》 ————————————————————————————
》 ————————————————————————————

Today I'm grateful for 〉Date: / /

》 ————————————————————————————
》 ————————————————————————————
》 ————————————————————————————
》 ————————————————————————————

Today I'm grateful for 〉Date: / /

》 ————————————————————————————
》 ————————————————————————————
》 ————————————————————————————
》 ————————————————————————————

"We can only be said to be alive in those moments when our hearts are conscious of our treasures."

- Thornton Wilder

What moments in your life do you treasure the most?

Today I'm grateful for   Date: / /

Today I'm grateful for   Date: / /

Today I'm grateful for   Date: / /

Today I'm grateful for **Date: / /**

>> ————————————————————————————————
>> ————————————————————————————————
>> ————————————————————————————————
>> ————————————————————————————————

Today I'm grateful for **Date: / /**

>> ————————————————————————————————
>> ————————————————————————————————
>> ————————————————————————————————
>> ————————————————————————————————

Today I'm grateful for **Date: / /**

>> ————————————————————————————————
>> ————————————————————————————————
>> ————————————————————————————————
>> ————————————————————————————————

Today I'm grateful for **Date: / /**

>> ————————————————————————————————
>> ————————————————————————————————
>> ————————————————————————————————
>> ————————————————————————————————

Today I'm grateful for **Date: / /**

>> ————————————————————————————————
>> ————————————————————————————————
>> ————————————————————————————————
>> ————————————————————————————————

"Joy is the simplest form of gratitude."

- Karl Barth

What made you laugh today?

Today I'm grateful for Date: / /

Today I'm grateful for Date: / /

Today I'm grateful for Date: / /

Today I'm grateful for — Date: / /

>> _____
>> _____
>> _____
>> _____

Today I'm grateful for — Date: / /

>> _____
>> _____
>> _____
>> _____

Today I'm grateful for — Date: / /

>> _____
>> _____
>> _____
>> _____

Today I'm grateful for — Date: / /

>> _____
>> _____
>> _____
>> _____

Today I'm grateful for — Date: / /

>> _____
>> _____
>> _____
>> _____

"Gratitude is the sign of noble souls."

- Aesop

What freedoms are you grateful for?

Today I'm grateful for	Date: / /

»
»
»
»

Today I'm grateful for	Date: / /

»
»
»
»

Today I'm grateful for	Date: / /

»
»
»
»

Today I'm grateful for | Date: / /

» ————————————————————————————
» ————————————————————————————
» ————————————————————————————
» ————————————————————————————

Today I'm grateful for | Date: / /

» ————————————————————————————
» ————————————————————————————
» ————————————————————————————
» ————————————————————————————

Today I'm grateful for | Date: / /

» ————————————————————————————
» ————————————————————————————
» ————————————————————————————
» ————————————————————————————

Today I'm grateful for | Date: / /

» ————————————————————————————
» ————————————————————————————
» ————————————————————————————
» ————————————————————————————

Today I'm grateful for | Date: / /

» ————————————————————————————
» ————————————————————————————
» ————————————————————————————
» ————————————————————————————

"Rest and be thankful."

- William Wordsworth

What kindness did someone give you today?

Today I'm grateful for Date: / /

»
»
»
»

Today I'm grateful for Date: / /

»
»
»
»

Today I'm grateful for Date: / /

»
»
»
»

Today I'm grateful for Date: / /

>> ———————————————————————————
>> ———————————————————————————
>> ———————————————————————————
>> ———————————————————————————

Today I'm grateful for Date: / /

>> ———————————————————————————
>> ———————————————————————————
>> ———————————————————————————
>> ———————————————————————————

Today I'm grateful for Date: / /

>> ———————————————————————————
>> ———————————————————————————
>> ———————————————————————————
>> ———————————————————————————

Today I'm grateful for Date: / /

>> ———————————————————————————
>> ———————————————————————————
>> ———————————————————————————
>> ———————————————————————————

Today I'm grateful for Date: / /

>> ———————————————————————————
>> ———————————————————————————
>> ———————————————————————————
>> ———————————————————————————

"I lie in bed at night, after ending my prayers with the words 'Ich danke dir für all das Gute und Liebe und Schöne.' (Thank you, God, for all that is good and dear and beautiful.)"

- Anne Frank

What things are you thankful for at the start or end of every day?

Today I'm grateful for Date: / /

_____

_____

_____

_____

Today I'm grateful for Date: / /

_____

_____

_____

_____

Today I'm grateful for Date: / /

_____

_____

_____

_____

Today I'm grateful for   Date: / /

>> _____
>> _____
>> _____
>> _____

Today I'm grateful for   Date: / /

>> _____
>> _____
>> _____
>> _____

Today I'm grateful for   Date: / /

>> _____
>> _____
>> _____
>> _____

Today I'm grateful for   Date: / /

>> _____
>> _____
>> _____
>> _____

Today I'm grateful for   Date: / /

>> _____
>> _____
>> _____
>> _____

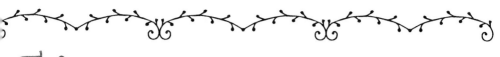

"Thankfulness is the quickest path to joy."

- Jefferson Bethke

I am happy today because...

Today I'm grateful for | Date: / /

»_____ ☺
»_____ ☺
»_____ ☺
»_____ ☺

Today I'm grateful for | Date: / /

»_____ ☺
»_____ ☺
»_____ ☺
»_____ ☺

Today I'm grateful for | Date: / /

»_____ ☺
»_____ ☺
»_____ ☺
»_____ ☺

Today I'm grateful for   Date: / /

»—————————————————————————————
»—————————————————————————————
»—————————————————————————————
»—————————————————————————————

Today I'm grateful for   Date: / /

»—————————————————————————————
»—————————————————————————————
»—————————————————————————————
»—————————————————————————————

Today I'm grateful for   Date: / /

»—————————————————————————————
»—————————————————————————————
»—————————————————————————————
»—————————————————————————————

Today I'm grateful for   Date: / /

»—————————————————————————————
»—————————————————————————————
»—————————————————————————————
»—————————————————————————————

Today I'm grateful for   Date: / /

»—————————————————————————————
»—————————————————————————————
»—————————————————————————————
»—————————————————————————————

"Gratitude bestows reverence... changing forever how we experience life and the world."

- John Milton

The things I like about _____ is...

> ### Today I'm grateful for > Date: / /

- _____
- _____
- _____
- _____

> ### Today I'm grateful for > Date: / /

- _____
- _____
- _____
- _____

> ### Today I'm grateful for > Date: / /

- _____
- _____
- _____
- _____

Today I'm grateful for   Date: / /

>> ———————————————————————————————————
>> ———————————————————————————————————
>> ———————————————————————————————————
>> ———————————————————————————————————

Today I'm grateful for   Date: / /

>> ———————————————————————————————————
>> ———————————————————————————————————
>> ———————————————————————————————————
>> ———————————————————————————————————

Today I'm grateful for   Date: / /

>> ———————————————————————————————————
>> ———————————————————————————————————
>> ———————————————————————————————————
>> ———————————————————————————————————

Today I'm grateful for   Date: / /

>> ———————————————————————————————————
>> ———————————————————————————————————
>> ———————————————————————————————————
>> ———————————————————————————————————

Today I'm grateful for   Date: / /

>> ———————————————————————————————————
>> ———————————————————————————————————
>> ———————————————————————————————————
>> ———————————————————————————————————

"Gratitude goes beyond the 'mine' and 'thine' and claims the truth that all of life is a pure gift."

- Henri J. M. Nouwen

My life is a gift and I'm thankful for...

> Today I'm grateful for > Date: / /

> ───
> ───
> ───
> ───

> Today I'm grateful for > Date: / /

> ───
> ───
> ───
> ───

> Today I'm grateful for > Date: / /

> ───
> ───
> ───
> ───

Today I'm grateful for Date: / /

»» ———————————————————————————————
»» ———————————————————————————————
»» ———————————————————————————————
»» ———————————————————————————————

Today I'm grateful for Date: / /

»» ———————————————————————————————
»» ———————————————————————————————
»» ———————————————————————————————
»» ———————————————————————————————

Today I'm grateful for Date: / /

»» ———————————————————————————————
»» ———————————————————————————————
»» ———————————————————————————————
»» ———————————————————————————————

Today I'm grateful for Date: / /

»» ———————————————————————————————
»» ———————————————————————————————
»» ———————————————————————————————
»» ———————————————————————————————

Today I'm grateful for Date: / /

»» ———————————————————————————————
»» ———————————————————————————————
»» ———————————————————————————————
»» ———————————————————————————————

"Appreciation can make a day, even change a life. Your willingness to put it into words is all that is necessary."

- Margaret Cousins

The person I appreciate is _____ because...

Today I'm grateful for Date: / /

» _____
» _____
» _____
» _____

Today I'm grateful for Date: / /

» _____
» _____
» _____
» _____

Today I'm grateful for Date: / /

» _____
» _____
» _____
» _____

Today I'm grateful for > Date: / /

» ————————————————————————————————
» ————————————————————————————————
» ————————————————————————————————
» ————————————————————————————————

Today I'm grateful for > Date: / /

» ————————————————————————————————
» ————————————————————————————————
» ————————————————————————————————
» ————————————————————————————————

Today I'm grateful for > Date: / /

» ————————————————————————————————
» ————————————————————————————————
» ————————————————————————————————
» ————————————————————————————————

Today I'm grateful for > Date: / /

» ————————————————————————————————
» ————————————————————————————————
» ————————————————————————————————
» ————————————————————————————————

Today I'm grateful for > Date: / /

» ————————————————————————————————
» ————————————————————————————————
» ————————————————————————————————
» ————————————————————————————————

"Gratitude is the healthiest of all human emotions. The more you express gratitude for what you have, the more likely you will have even more to express gratitude for."

- Zig Ziglar

Write about a family member that you're grateful for.

Today I'm grateful for   Date: / /

Today I'm grateful for   Date: / /

Today I'm grateful for   Date: / /

Today I'm grateful for Date: / /

>> ─────────────────────────────
>> ─────────────────────────────
>> ─────────────────────────────
>> ─────────────────────────────

Today I'm grateful for Date: / /

>> ─────────────────────────────
>> ─────────────────────────────
>> ─────────────────────────────
>> ─────────────────────────────

Today I'm grateful for Date: / /

>> ─────────────────────────────
>> ─────────────────────────────
>> ─────────────────────────────
>> ─────────────────────────────

Today I'm grateful for Date: / /

>> ─────────────────────────────
>> ─────────────────────────────
>> ─────────────────────────────
>> ─────────────────────────────

Today I'm grateful for Date: / /

>> ─────────────────────────────
>> ─────────────────────────────
>> ─────────────────────────────
>> ─────────────────────────────

"Learn to be thankful for what you already have, while you pursue all that you want."

- Jim Rohn

Write about 3 things you're grateful for today.

Today I'm grateful for Date: / /

Today I'm grateful for Date: / /

Today I'm grateful for Date: / /

Today I'm grateful for Date: / /

>> ————————————————————————————————
>> ————————————————————————————————
>> ————————————————————————————————
>> ————————————————————————————————

Today I'm grateful for Date: / /

>> ————————————————————————————————
>> ————————————————————————————————
>> ————————————————————————————————
>> ————————————————————————————————

Today I'm grateful for Date: / /

>> ————————————————————————————————
>> ————————————————————————————————
>> ————————————————————————————————
>> ————————————————————————————————

Today I'm grateful for Date: / /

>> ————————————————————————————————
>> ————————————————————————————————
>> ————————————————————————————————
>> ————————————————————————————————

Today I'm grateful for Date: / /

>> ————————————————————————————————
>> ————————————————————————————————
>> ————————————————————————————————
>> ————————————————————————————————

"Be thankful for what you have; you'll end up having more. If you concentrate on what you don't have, you will never, ever have enough."

- Oprah Winfrey

What's a simple pleasure that you're grateful for?

Today I'm grateful for — Date: / /

Today I'm grateful for — Date: / /

Today I'm grateful for — Date: / /

Today I'm grateful for   Date: / /

» —————————————————————————————
» —————————————————————————————
» —————————————————————————————
» —————————————————————————————

Today I'm grateful for   Date: / /

» —————————————————————————————
» —————————————————————————————
» —————————————————————————————
» —————————————————————————————

Today I'm grateful for   Date: / /

» —————————————————————————————
» —————————————————————————————
» —————————————————————————————
» —————————————————————————————

Today I'm grateful for   Date: / /

» —————————————————————————————
» —————————————————————————————
» —————————————————————————————
» —————————————————————————————

Today I'm grateful for   Date: / /

» —————————————————————————————
» —————————————————————————————
» —————————————————————————————
» —————————————————————————————

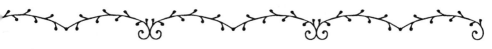

"Thank you' is the best prayer that anyone could say. I say that one a lot. Thank you expresses extreme gratitude, humility, understanding."

- Alice Walker

What's an accomplishment you're proud of?

Today I'm grateful for   Date: / /

———————————————————————————————————
———————————————————————————————————
———————————————————————————————————
———————————————————————————————————

Today I'm grateful for   Date: / /

———————————————————————————————————
———————————————————————————————————
———————————————————————————————————
———————————————————————————————————

Today I'm grateful for   Date: / /

———————————————————————————————————
———————————————————————————————————
———————————————————————————————————
———————————————————————————————————

Today I'm grateful for Date: / /

»———————————————————————————
»———————————————————————————
»———————————————————————————
»———————————————————————————

Today I'm grateful for Date: / /

»———————————————————————————
»———————————————————————————
»———————————————————————————
»———————————————————————————

Today I'm grateful for Date: / /

»———————————————————————————
»———————————————————————————
»———————————————————————————
»———————————————————————————

Today I'm grateful for Date: / /

»———————————————————————————
»———————————————————————————
»———————————————————————————
»———————————————————————————

Today I'm grateful for Date: / /

»———————————————————————————
»———————————————————————————
»———————————————————————————
»———————————————————————————

'Thankfulness is the beginning of gratitude. Gratitude is the completion of thankfulness. Thankfulness may consist merely of words. Gratitude is shown in acts."

- Henri Frederic Amiel

What acts of kindness has someone shown towards you recently?

Today I'm grateful for Date: / /

Today I'm grateful for Date: / /

Today I'm grateful for Date: / /

Today I'm grateful for | Date: / /

»————————————————————————————
»————————————————————————————
»————————————————————————————
»————————————————————————————

Today I'm grateful for | Date: / /

»————————————————————————————
»————————————————————————————
»————————————————————————————
»————————————————————————————

Today I'm grateful for | Date: / /

»————————————————————————————
»————————————————————————————
»————————————————————————————
»————————————————————————————

Today I'm grateful for | Date: / /

»————————————————————————————
»————————————————————————————
»————————————————————————————
»————————————————————————————

Today I'm grateful for | Date: / /

»————————————————————————————
»————————————————————————————
»————————————————————————————
»————————————————————————————

"Feeling gratitude and not expressing it is like wrapping a present and not giving it."

- William Arthur Ward

Who should you see or call to thank and why?

Today I'm grateful for **Date:** / /

- »
- »
- »
- »

Today I'm grateful for **Date:** / /

- »
- »
- »
- »

Today I'm grateful for **Date:** / /

- »
- »
- »
- »

Today I'm grateful for Date: / /

»» ————————————————————————————

»» ————————————————————————————

»» ————————————————————————————

»» ————————————————————————————

Today I'm grateful for Date: / /

»» ————————————————————————————

»» ————————————————————————————

»» ————————————————————————————

»» ————————————————————————————

Today I'm grateful for Date: / /

»» ————————————————————————————

»» ————————————————————————————

»» ————————————————————————————

»» ————————————————————————————

Today I'm grateful for Date: / /

»» ————————————————————————————

»» ————————————————————————————

»» ————————————————————————————

»» ————————————————————————————

Today I'm grateful for Date: / /

»» ————————————————————————————

»» ————————————————————————————

»» ————————————————————————————

»» ————————————————————————————

"The way to develop the best that is in a person is by appreciation and encouragement."

- Charles Schwab

What people have inspired you to achieve more?

Today I'm grateful for Date: / /

Today I'm grateful for Date: / /

Today I'm grateful for Date: / /

Today I'm grateful for — Date: / /

»
»
»
»

Today I'm grateful for — Date: / /

»
»
»
»

Today I'm grateful for — Date: / /

»
»
»
»

Today I'm grateful for — Date: / /

»
»
»
»

Today I'm grateful for — Date: / /

»
»
»
»

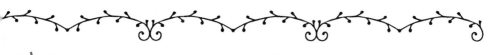

"The roots of all goodness lie in the soil of appreciation for goodness."

- Dalai Lama

Write about a happy memory.

Today I'm grateful for   Date: / /

Today I'm grateful for   Date: / /

Today I'm grateful for   Date: / /

Today I'm grateful for   Date: / /

>> _____
>> _____
>> _____
>> _____

Today I'm grateful for   Date: / /

>> _____
>> _____
>> _____
>> _____

Today I'm grateful for   Date: / /

>> _____
>> _____
>> _____
>> _____

Today I'm grateful for   Date: / /

>> _____
>> _____
>> _____
>> _____

Today I'm grateful for   Date: / /

>> _____
>> _____
>> _____
>> _____

"Be grateful in your own hearts. That suffices. Thanksgiving has wings, and flies to its right destination."

- Victor Hugo

Write about a teacher or mentor that you're grateful for.

Today I'm grateful for   Date: / /

- »
- »
- »
- »

Today I'm grateful for   Date: / /

- »
- »
- »
- »

Today I'm grateful for   Date: / /

- »
- »
- »
- »

Today I'm grateful for   Date: / /

» ———————————————————————————
» ———————————————————————————
» ———————————————————————————
» ———————————————————————————

Today I'm grateful for   Date: / /

» ———————————————————————————
» ———————————————————————————
» ———————————————————————————
» ———————————————————————————

Today I'm grateful for   Date: / /

» ———————————————————————————
» ———————————————————————————
» ———————————————————————————
» ———————————————————————————

Today I'm grateful for   Date: / /

» ———————————————————————————
» ———————————————————————————
» ———————————————————————————
» ———————————————————————————

Today I'm grateful for   Date: / /

» ———————————————————————————
» ———————————————————————————
» ———————————————————————————
» ———————————————————————————

"Two kinds of gratitude: The sudden kind we feel for what we take; the larger kind we feel for what we give."

- Edwin Arlington Robinson

Today I'm grateful for...

Today I'm grateful for Date: / /

Today I'm grateful for Date: / /

Today I'm grateful for Date: / /

Today I'm grateful for **Date:** / /

>> ————————————————————————————————
>> ————————————————————————————————
>> ————————————————————————————————
>> ————————————————————————————————

Today I'm grateful for **Date:** / /

>> ————————————————————————————————
>> ————————————————————————————————
>> ————————————————————————————————
>> ————————————————————————————————

Today I'm grateful for **Date:** / /

>> ————————————————————————————————
>> ————————————————————————————————
>> ————————————————————————————————
>> ————————————————————————————————

Today I'm grateful for **Date:** / /

>> ————————————————————————————————
>> ————————————————————————————————
>> ————————————————————————————————
>> ————————————————————————————————

Today I'm grateful for **Date:** / /

>> ————————————————————————————————
>> ————————————————————————————————
>> ————————————————————————————————
>> ————————————————————————————————

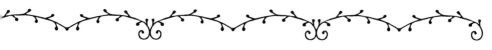

"The real gift of gratitude is that the more grateful you are, the more present you become."

- Robert Holden

Today I'm grateful for...

Today I'm grateful for   Date: / /

Today I'm grateful for   Date: / /

Today I'm grateful for   Date: / /

Today I'm grateful for Date: / /

≫ ————————————————————————————
≫ ————————————————————————————
≫ ————————————————————————————
≫ ————————————————————————————

Today I'm grateful for Date: / /

≫ ————————————————————————————
≫ ————————————————————————————
≫ ————————————————————————————
≫ ————————————————————————————

Today I'm grateful for Date: / /

≫ ————————————————————————————
≫ ————————————————————————————
≫ ————————————————————————————
≫ ————————————————————————————

Today I'm grateful for Date: / /

≫ ————————————————————————————
≫ ————————————————————————————
≫ ————————————————————————————
≫ ————————————————————————————

Today I'm grateful for Date: / /

≫ ————————————————————————————
≫ ————————————————————————————
≫ ————————————————————————————
≫ ————————————————————————————

"Gratitude is an antidote to negative emotions, a neutralizer of envy, hostility, worry, and irritation. It is savoring; it is not taking things for granted; it is present-oriented."

- Sonja Lyubomirsky

Today I'm grateful for...

Today I'm grateful for   Date: / /

Today I'm grateful for   Date: / /

Today I'm grateful for   Date: / /

Today I'm grateful for **Date:** / /

»» ————————————————————————————————————
»» ————————————————————————————————————
»» ————————————————————————————————————
»» ————————————————————————————————————

Today I'm grateful for **Date:** / /

»» ————————————————————————————————————
»» ————————————————————————————————————
»» ————————————————————————————————————
»» ————————————————————————————————————

Today I'm grateful for **Date:** / /

»» ————————————————————————————————————
»» ————————————————————————————————————
»» ————————————————————————————————————
»» ————————————————————————————————————

Today I'm grateful for **Date:** / /

»» ————————————————————————————————————
»» ————————————————————————————————————
»» ————————————————————————————————————
»» ————————————————————————————————————

Today I'm grateful for **Date:** / /

»» ————————————————————————————————————
»» ————————————————————————————————————
»» ————————————————————————————————————
»» ————————————————————————————————————

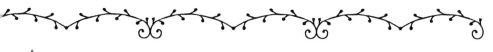

"Gratitude turns what we have into enough."

- Anonymous

Today I'm grateful for...

Today I'm grateful for >Date: / /

Today I'm grateful for >Date: / /

Today I'm grateful for >Date: / /

Today I'm grateful for Date: / /

>>
>>
>>
>>

Today I'm grateful for Date: / /

>>
>>
>>
>>

Today I'm grateful for Date: / /

>>
>>
>>
>>

Today I'm grateful for Date: / /

>>
>>
>>
>>

Today I'm grateful for Date: / /

>>
>>
>>
>>

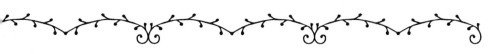

"... it is not joy that makes us grateful; it is gratitude that makes us joyful."

– David Steindl-Rast

Today I'm grateful for...

Today I'm grateful for >Date: / /

Today I'm grateful for >Date: / /

Today I'm grateful for >Date: / /

Today I'm grateful for >Date: / /

»———————————————————
»———————————————————
»———————————————————
»———————————————————

Today I'm grateful for >Date: / /

»———————————————————
»———————————————————
»———————————————————
»———————————————————

Today I'm grateful for >Date: / /

»———————————————————
»———————————————————
»———————————————————
»———————————————————

Today I'm grateful for >Date: / /

»———————————————————
»———————————————————
»———————————————————
»———————————————————

Today I'm grateful for >Date: / /

»———————————————————
»———————————————————
»———————————————————
»———————————————————

Thank You